MANUALIDADES DIVERTIDAS

JUEGA CON LA NATURALEZA

Juega con la Naturaleza

Textos: Victòria Seix
          Profesora de plástica

Dirección editorial: Mª Fernanda Canal
Ilustraciones: Núria Giralt
Diseño gráfico: Jordi Martínez
Fotografía: Nos y Soto
Dirección de producción: Rafael Marfil

Cuarta edición: marzo 2000
© 1997 Parramón Ediciones, S.A.

Editado y distribuido por Parramón Ediciones, S.A.
Gran Via de les Corts Catalanes, 322-324
08004 Barcelona

ISBN: 84-342-2079-2
Depósito legal: B-8.139-2000
Impreso en España

MANUALIDADES DIVERTIDAS
JUEGA CON LA NATURALEZA

Parramón

Collar bellotero

1. Utiliza cáscaras de bellotas, cuerda elástica, cordón, pintura verde y rosa, pincel y tijeras.

2. Recoge cáscaras de bellotas.

3. Sepáralas y rompe el tronquito.

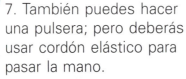

4. Pide a un adulto que las agujeree con un punzón en el lugar donde estaba el tronquito.

5. Pinta la mitad de color verde y la otra mitad de color rosa.

6. Pasa las cáscaras, alternando los colores, por un cordel.

7. También puedes hacer una pulsera; pero deberás usar cordón elástico para pasar la mano.

Cacahuetes para presumir

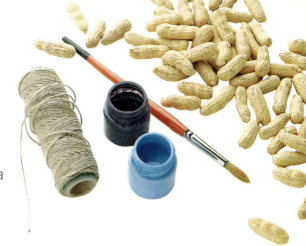

1. Consigue cacahuetes, pintura de color azul cielo y lila, pincel, cordel y tijeras.

2. Pide a un adulto que agujeree los cacahuetes con una aguja de lana.

3. Pinta la mitad de los cacahuetes de color azul y la otra de color lila. Para no mancharte los dedos, espera que esté seca la pintura de una parte para pintar la otra.

4. Pasa los cacahuetes por un cordel con la ayuda de la aguja de lana. El cordel debe ser suficientemente largo como para que pase por tu cabeza.

Juego de figuras

1. Reúne piedras, una caja de zapatos y pinturas (colores: azul marino, azul claro, rojo, naranja, marrón, rosa, verde, blanco y carne).

2. Para realizar las personas, adultos y niños, necesitas piedras triangulares para el tronco, y también para las faldas, alargadas para los brazos y piernas, y redondas para las cabezas.

3. Para los animales recoge las siguientes piedras:

Caballo: gruesas para el cuerpo y alargadas para las patas, cola y cabeza.

Mariposa: dos triangulares para las alas y una alargada para el cuerpo.

Cocodrilo: dos alargadas para el cuerpo y la cabeza (la del cuerpo más ancha) y cuatro triangulares pequeñas para las patas.

4. Pinta todas las piedras que componen cada figura de un mismo color. Escoge un color distinto para cada figura. Puedes añadirles detalles para que queden más bonitas.

5. Recorta, en una caja de zapatos, un agujero lateral lo suficiente grande para que te entre la mano. Pinta la caja de color marrón tostado.

6. **Reglas del juego.** Coloca todas las piezas mezcladas dentro de la caja. Cada jugador, por turnos, mete la mano en el agujero y, sin mirar, saca una pieza. Se trata de ir componiendo cada una de las figuras. Si una pieza no interesa, se puede devolver antes de coger otra. Gana el jugador que logra acabar más figuras o el primero que compone una entera.

Mi árbol genealógico

1. Recoge hojas y flores secas, cola blanca, pincel, cartulina roja y tijeras.

2. Busca una fotografía, tamaño carnet, de cada uno de los miembros de tu familia: hermanos, padres y abuelos.

3. Coloca las fotos sobre una cartulina. En la base, tus cuatro abuelos, luego tus padres y, en la parte superior, tus hermanos y tú, del mayor al menor. Repasa el contorno en lápiz y dibuja un triángulo exterior y el tronco del árbol.

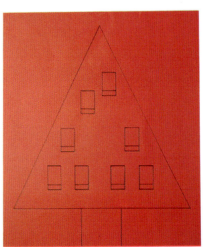

4. Recorta los agujeros para las fotos.

5. Escribe debajo de cada agujero la relación familiar que tiene contigo la persona de la foto, que luego colocarás: hermano, abuelo, etc.

6. Rellena todo el árbol
con hojas secas encoladas
y el tronco con cortezas.
En la página 30 se explica
cómo secar flores y hojas.

7. Como decoración, pega
algunas flores secas por encima.

8. Pega las fotos por detrás
de la cartulina y coloca
un colgador autoadhesivo.

¿Te gustan las frutas?

1. Necesitas piedras, pintura (colores: naranja, amarillo, marrón, verde, rojo y blanco), plastilina verde, tronquitos muy pequeños, cola y un coco.

2. Selecciona piedras que te recuerden a alguna fruta. Nosotros hemos encontrado dos peras, un plátano, una mandarina y tres fresas.

3. Pinta cada fruta del color que le corresponde: naranja para la mandarina; amarillo y, cuando esté seco, marrón para el plátano; verde para las peras; rojo para las fresas y, cuando esté seca la pintura, añade puntitos blancos.

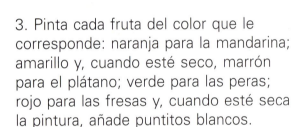

4. Aplana un trozo de plastilina verde y marca hojas: tres grandes para la mandarina, dos medianas para cada pera y una estrella de 6 o 7 puntas para cada fresa.

5. Marca las rayas de las hojas.

6. Pega las hojas con un punto de cola en la parte superior de las frutas.

7. Clávales un tronquito en el centro.

8. Pide a un adulto que te parta un coco. Quita la parte comestible, limpia la cáscara y utiliza de frutera su mitad más bonita.

11

Rancho del Oeste

1. Emplea corcho, plastilina (colores: verde, marrón, naranja, azul y rojo). Tronquitos, cinta y espátula.

2. Recubre el corcho con plastilina verde. Marca un rectángulo grande y colócale encima una tira de plastilina. Dentro del rectángulo, marca un cuadrado más pequeño.

3. Pide a un adulto que, con unas tijeras de podar, corte tantos tronquitos como necesites para formar la valla, todos del mismo tamaño.

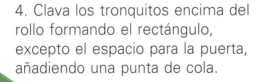

4. Clava los tronquitos encima del rollo formando el rectángulo, excepto el espacio para la puerta, añadiendo una punta de cola.

5. Encola un extremo de las cintas en el dorso de los tronquitos que forman la puerta. El otro extremo de las cintas encólalo a la valla.

6. Corta los troncos para la casa: las dos fachadas, la parte superior con forma triangular y los laterales, igualados. Deja un hueco para la puerta.

7. Aplana un trozo de plastilina marrón para el tejado, marca las tejas.

8. Fabrica tu bandera con un tronquito y plastilinas de colores.

9. Encola y clava los tronquitos de la casa en el cuadrado de la plastilina verde. Coloca el tejado en la parte superior.
Ya puedes jugar con tu rancho del Oeste.
¡Cuidado, que vienen los indios!

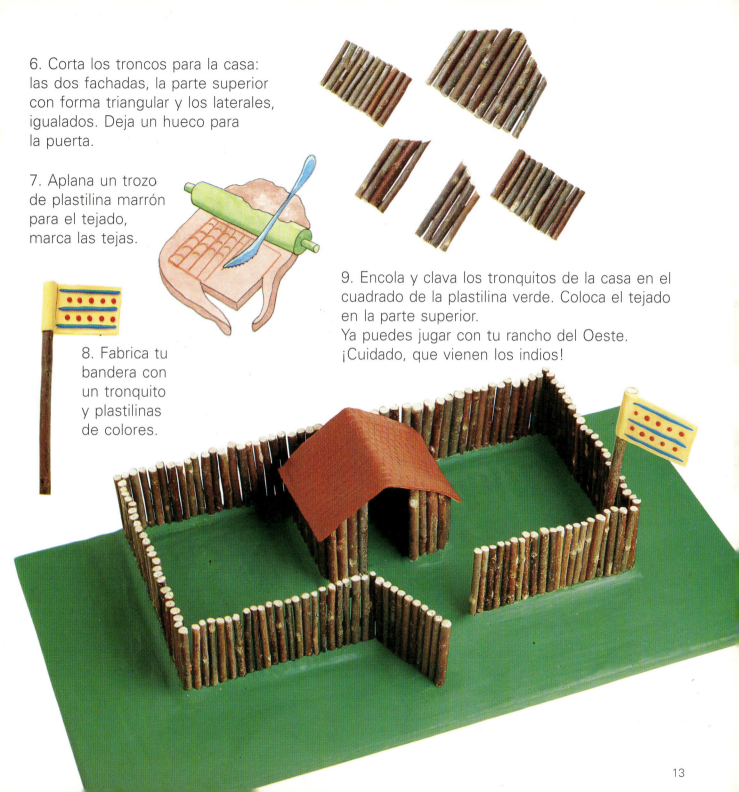

Un tapete natural

1. Usa cartulina negra, hojas y flores secas prensadas de distintos colores y tamaños, cola blanca y pincel.

2. En una cartulina grande dibuja una circunferencia.

3. Recórtala.

4. Selecciona flores y hojas prensadas por colores y tamaños. Mira en la página 30 cómo prensar hojas y flores.

5. Para pegar las hojas en la cartulina recortada, impregna un pincel con cola blanca diluida y pásalo por el reverso de cada hoja.

6. En la zona exterior de la cartulina coloca las hojas más grandes y disminuye su tamaño a medida que te vas acercando al centro. Alterna los colores y los tipos de hojas.

7. Para terminar, pega en el centro una flor seca que contraste con el color de las hojas.

8. Puedes realizar tapetes de distintos tamaños y combinaciones de hojas, pétalos y flores.

Tu zoo particular

1. Utiliza piedras, cola blanca, bastoncillos y pinturas (colores: blanco, negro, amarillo, rojo, marrón, tostado, beige, verde oscuro, verde claro y marrón tostado –rojo inglés–).

2. Busca piedras de diferentes medidas y formas. Realiza animales pegando las piedras pequeñas a las grandes.

3. Puedes pintar los gatos con fondo negro y rayas blancas o a la inversa. No pintes las rayas hasta que el fondo esté completamente seco.

4. Para pintar las lechuzas, empieza por el blanco de los ojos, sigue con el amarillo del pico y los ojos, el tostado de la barriga y los párpados, el marrón del cuerpo y, por último, las plumas en blanco.

5. Pinta el gusano de rojo, añade manchas blancas por el cuerpo y los ojos, la boca y las antenas en negro.

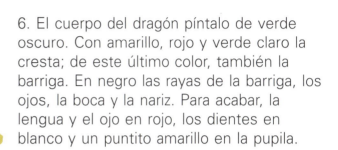

6. El cuerpo del dragón píntalo de verde oscuro. Con amarillo, rojo y verde claro la cresta; de este último color, también la barriga. En negro las rayas de la barriga, los ojos, la boca y la nariz. Para acabar, la lengua y el ojo en rojo, los dientes en blanco y un puntito amarillo en la pupila.

7. Para las ovejas, pega cuatro bastoncitos iguales para las patas y uno más corto para la cola. Píntales el cuerpo en beige y las orejas, ojos, nariz y boca en negro.

8. La jirafa píntala entera de amarillo, después añade manchas de color marrón tostado, el ojo blanco y la boca, nariz, orejas y pupilas negras.

Cortina marina

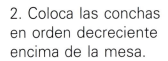

1. Recoge conchas, cuerda y tronco.

2. Coloca las conchas en orden decreciente encima de la mesa.

3. Agujerea con una lima las conchas que no lo estén.

4. Consigue un tronco más largo que el ancho de la cortina y corta las cuerdas tres veces más largas que la fila de conchas.

5. Coloca las conchas haciendo un doble nudo a cada una, del exterior al interior, de modo que quede una concha rozando a la otra y sobre un trozo de cuerda en la parte superior.

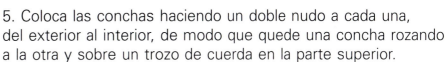

6. Ata cada tira al palo.

7. Ata dos cuerdas en los extremos del palo para poder colgar la cortina.

Un paisaje portátil

1. Te hará falta una bandeja de porexpán, musgos, piedras, flores secas, ramitas, papel de aluminio, pintura marrón y verde, esponja, plastilina roja, cola y pinceles.

2. Pinta de marrón la bandeja de porexpán.

3. Coloca en una esquina las piedras que forman la montaña.

4. Para el río, recorta un pedazo alargado de papel de aluminio y arrúgalo dejando la cara mate en el exterior. Colócalo de forma sinuosa.

5. Escoge trozos de diferentes musgos y colócalos, formando grupos según texturas y colores.

6. Para los árboles: recorta un trozo de esponja que será la copa, haz un corte en el centro de la base y encólale una ramita que será el tronco. Aguántalo con un poco de plastilina en la base.

7. Pinta la esponja de color verde y, cuando esté seca, puedes encolar bolitas de plastilina como si fueran frutas. Quita la base de plastilina y clávalo en el musgo.

8. Para terminar tu paisaje, coloca flores secas muy pequeñas y de colores vivos.

Cara-cuadro

1. Consigue piedras, arena, madera, cola blanca, pinceles, pintura verde y un colgador.

2. Recoge y selecciona piedras. Alargadas para los cabellos, el perfil de la cara y la boca. Redondas y planas para los ojos, triangulares para la nariz, las mejillas y las orejas.

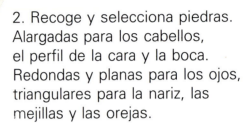

cabellos

cejas

nariz

labios

ojos

mejillas

orejas

3. En una madera rectangular, coloca las piedras formando una cara.

4. Con un lápiz, marca el perfil interior de la cara. Retira las piedras, dejándolas en la misma posición, en un lugar en que no molesten.

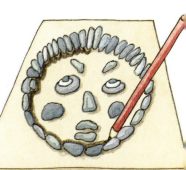

5. Con un pincel, impregna de cola blanca la parte interior de la cara rebasando un poco la línea en lápiz. Después, esparce arena por encima. Espera a que la cola esté seca y gira la madera para que caiga la arena que no ha quedado encolada.

6. Pinta con color verde el exterior de la cara.

7. Coloca las piedras, una a una, pegándolas en la madera formando la cara.

8. En la parte superior del dorso pega el colgador.

Laberinto

1. Consigue una bandeja roja, piedras, un garbanzo, pintura negra, amarilla y azul, cola blanca, papel de periódico, cinta adhesiva, cepillo de dientes y pinceles.

2. Busca piedras alargadas de diferentes colores.

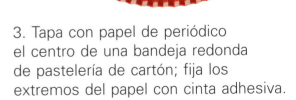

3. Tapa con papel de periódico el centro de una bandeja redonda de pastelería de cartón; fija los extremos del papel con cinta adhesiva.

4. Protege la mesa con papeles de periódico y salpica la bandeja con un cepillo de dientes lleno de pintura negra rascando con un bastoncito.

6. Pega las piedras
   a la bandeja
   formando una
   espiral y dejando un
   espacio de vez en
   cuando.

5. Una vez seca la pintura,
vuelve a salpicar, pero esta
vez con pintura amarilla.

7. Corta la cola del
garbanzo y píntalo de
azul; espera a que se seque.

8. Coloca el garbanzo
en tu laberinto
e intenta que lo recorra
completo sin salirse.

Animales de una pieza

1. Utiliza pintura (colores: gris, negro, blanco, azul marino, rojo, verde claro, amarillo, marrón, beige, tostado, verde oscuro, lila, rosa, azul cielo), plastilina azul, pinceles grueso y delgado y piedras. Para los fondos: papel blanco, pinturas, tapete papel y papel pinocho azul.

2. Busca piedras que por su forma te recuerden a algún animal u objeto.

3. Nosotros hemos encontrado ballenas, pirañas, pájaros y panes.

4. Primero pinta las ballenas de color gris. Una vez seca la pintura gris añade, en blanco, la boca y los ojos. Y, por último, pinta las rayas negras de los dientes, ojos, aletas y cola.

5. Puedes modelar el surtidor de agua con plastilina azul y pegarlo a la ballena. En un papel, pinta un fondo imitando el mar y coloca tus ballenas encima.

6. Pinta la piraña. Primero el rojo de la barriga, después el azul marino del lomo, el blanco de la boca y el ojo, las rayas amarillas y verdes y, por último, las rayas negras y los dientes. Añade un fondo de río.

7. Pinta la base de los pájaros en colores vivos, las manchas que contrasten y siluetea en negro las alas, el pico y la cola. Colócalos sobre un fondo de cielo.

8. Pinta la barra de pan y el panecillo en beige y el cruasán en tostado. Acaba con las rayas en marrón. Una vez seco, ponlo encima de un tapete de papel.

Joyas marinas

1. Necesitas: plastilina naranja y rosa, clips amarillo y rosa, cordón de colores amarillo y rosa, piedrecitas, conchas y caracolillos, barniz de uñas y bases de pendientes manufacturados.

2. Con plastilina forma la base del colgante y de los pendientes.

3. Pide a un adulto que abra, apriete un pliegue y corte con unas tenazas tres clips. Uno más largo y dos más cortos.

4. Clava el clip en la parte superior de cada pieza de plastilina.

5. Clava encima de las bases, conchas pequeñas, caracolillos y piedrecitas de distintos colores.

6. Sujeta los pendientes a los cierres y el colgante a un cordel.

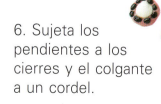

1. Reúne conchas y caracolillos agujereados, cordel, pendientes, clips, agujas manufacturadas y cola.

2. Forma grupos de conchas según su forma y tamaño.

3. Corta un cordel muy largo, ya que al realizar los nudos se acorta mucho.

4. Coloca las conchas más grandes encaradas y, a cada pareja, le haces un nudo de manera que queden superpuestas.

5. Separa los cordeles y, a cada uno, pásale un grupo de conchas en sentido descendente. Haz un nudo entre concha y concha.

6. Para completar tu collar puedes pegar caracolillos, conchas o nácar a distintos soportes.

Cómo secar flores

1. Recoge un ramo de flores y átalo con un cordel.

2. Cuélgalo del revés: las flores abajo y el tronco arriba.

3. Espera unos días hasta que estén secas.

Cómo secar musgo

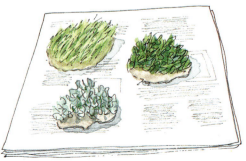

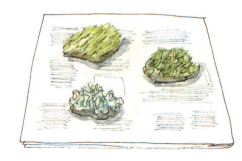

1. Recoge musgos de distinta textura y color.

2. Extiéndelos sobre papel de periódico.

3. Espera unos días hasta que estén secos.

Cómo prensar flores y hojas

1. Recoge hojas y flores de distintos tamaños y colores.

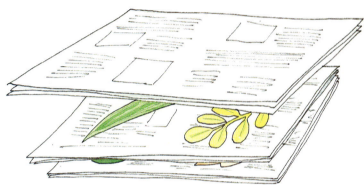

2. **Hojas.** Colócalas planas entre papel de periódico.

3. **Flores.** Colócalas planas entre papel blanco y añade encima papel de periódico.

4. Coloca bastante peso encima y espera unos días a que se sequen.

Las creaciones de este libro